NOTICE BIOGRAPHIQUE

SUR

J. J. VALADE-GABEL

PAR

P. VALAT

ANCIEN RECTEUR DE L'UNIVERSITÉ
MEMBRE DE L'ACADÉMIE DES SCIENCES, BELLES-LETTRES ET ARTS DE BORDEAUX

PARIS

TYPOGRAPHIE DE E. PLON ET Cie

8, RUE GARANCIÈRE

NOTICE BIOGRAPHIQUE

SUR

J. J. VALADE-GABEL

PAR

P. VALAT

ANCIEN RECTEUR DE L'UNIVERSITÉ

MEMBRE DE L'ACADÉMIE DES SCIENCES, BELLES-LETTRES ET ARTS DE BORDEAUX

PARIS

TYPOGRAPHIE DE E. PLON et Cie

8, RUE GARANCIÈRE

—

1882

Extrait des Actes de l'Académie nationale des Sciences, Belles-Lettres et Arts de Bordeaux.

NOTICE BIOGRAPHIQUE

SUR

J. J. VALADE-GABEL

S'il suffit d'une vie laborieuse, vaillante et féconde en
œuvres utiles pour mériter la reconnaissance de ses contemporains et de la postérité; s'il suffit de découvrir ce qui
manquait à la méthode de l'abbé de l'Épée pour avoir une
place parmi les bienfaiteurs de l'humanité, nul n'a plus de
titres réels à nos hommages que notre regretté collègue
J. J. Valade-Gabel, qui remplit les fonctions de secrétaire
général, de président de l'Académie, et qui, devenu membre non résidant, ne cessa d'entretenir avec la Compagnie
des relations dont elle a toujours apprécié l'importance et
l'utilité.

Je l'ai connu de 1839 à 1850, pendant son séjour à Bordeaux, et sachant quelles difficultés offre l'enseignement
des sourds-muets, pénétré d'un sentiment profond d'estime
pour le maître habile qui parvenait, à force de soins, de
patience et de zèle, à faire entrer dans la société des infortunés que la nature semblait avoir condamnés à la condition
de nos animaux domestiques, j'eus des relations suivies avec
l'institution qu'il dirigeait, et appris ainsi à l'estimer et à l'ai-

mer [1]... Déplacés l'un et l'autre à la même époque, nous avions cru nous séparer pour toujours; il nous fut donné de nous retrouver quelques années après à Paris [2], mais trop peu de temps; enfin depuis mon retour à Bordeaux, j'ai eu l'occasion d'étudier de nouveau les procédés d'enseignement qu'il avait perfectionnés et d'approfondir la *méthode intuitive* qu'une Commission de l'Institut avait honorée de sa haute approbation. Témoin des progrès dus à l'habile direction des Dames de Nevers, fidèles aux principes de leur

[1] Dans mon premier séjour à Rodez comme professeur de mathématiques spéciales et de physique, je visitais souvent l'École des Sourds-Muets dirigée par M. Pissin-Sicard, qui me devint fort sympathique, et sur sa demande je m'initiai à son enseignement, en donnant aux élèves des notions très-élémentaires sur l'histoire naturelle. On ne saurait croire combien ces leçons furent goûtées! Et quelle fut ma surprise des réflexions qu'elles inspiraient à de jeunes enfants, qui d'ailleurs traduisaient presque toujours par l'écriture les idées qu'ils avaient manifestées dans leur langage mimique, pour peu qu'elles me parussent convenables!

Plus tard, j'ai trouvé Massieu à la même École, et j'avoue que n'ayant pu le comparer qu'à son prédécesseur, je fus loin de partager l'admiration qui s'était produite autour de lui dans les séances données par l'abbé Sicard.

À Bordeaux même, avant l'arrivée de Valade-Gabel, M. le préfet Lacoste, je ne sais sur quels indices, m'invita par écrit à visiter l'École des Sourds-Muets et à lui présenter mes observations. Il ne pouvait entrer dans ma pensée de m'ériger en censeur d'un établissement aussi important; je n'étais pas à la hauteur d'une pareille mission, et je ne l'acceptai pas.

Plus tard, et quand j'eus apprécié le mérite de notre collègue, je n'hésitai pas, sur sa proposition, à faire partie de la commission d'examen pour les aspirants professeurs, présidée par l'abbé Dulorié, curé de Notre-Dame.

[2] Une récente disgrâce, et le danger de mon fils gravement atteint d'une fièvre typhoïde qui régnait alors à Paris (en 1853), m'appelèrent près de lui et m'empêchèrent de profiter des bonnes relations que m'offrait notre ancien collègue, cherchant lui-même dans les bains thermaux la guérison de la grave maladie contractée à l'École de Paris...

ancien maître, j'ai eu la bonne fortune d'appeler votre attention[1], soit sur le mérite des sages institutrices qui con-
tinuent encore aujourd'hui avec le même succès l'œuvre à
laquelle elles se sont dévouées, soit sur la supériorité de la
méthode laborieusement découverte et appliquée par Valade-
Gabel. Aussi, quand la mort a frappé notre collègue dans sa
retraite, au sein de sa famille, la pensée m'est venue de
consacrer à sa mémoire la notice que j'ai l'honneur de vous
offrir. Un tel travail, je le sens trop bien, dépassait mes
forces, aussi bien que l'étendue de mes connaissances spéciales; toutefois je n'ai pas hésité à remplir ce qui me parais-
sait un devoir. Comptant sur votre bienveillance et vos
sympathiques souvenirs pour le professeur distingué qui
partagea vos travaux, et dont vous avez toujours accueilli
les communications avec l'estime et la reconnaissance
qu'elles méritaient, il m'est permis d'aspirer à un double
résultat : le premier, de mettre en évidence des services ex-
ceptionnels; le second, d'appeler l'attention de tous les amis
du progrès réel et moral de la société sur des infortunes
qu'on a pu négliger aussi longtemps qu'on les croyait irré-
parables, mais qu'on ne saurait laisser subsister sans injus-

[1] On trouvera dans les *Actes* de l'Académie plusieurs rapports sur
l'Institution des Sourdes-Muettes de Bordeaux, et j'avoue que je n'ai
jamais laissé échapper l'occasion d'attirer l'attention de l'Académie sur
cet intéressant sujet. Voir mes articles :

1º Sur l'œuvre de l'abbé Gaussens, aumônier de l'Institution et
fondateur d'une École de Sourds-Muets à Bordeaux;

2º Sur l'application ingénieuse de l'alphabet Morse (en télégraphie)
à la mimique du sourd-muet;

3º Sur le rapport de M. A. Franck, approuvant la méthode intuitive
de Valade-Cabel;

4º Sur le projet d'un ministre qui proposait le transfert de l'École de
Bordeaux à Saint-Sever;

5º Sur le tableau statistique de l'enseignement dans les écoles de
France, par Valade-Gabel; rapport qui décida l'impression, dans les
Actes, du beau mémoire de notre collègue.

tice ou cruauté, dès que le remède est enfin découvert et qu'il n'y a plus à résoudre qu'une question financière.

En obéissant au sentiment de sympathie qui m'a guidé dans cette esquisse historique, puis-je oublier que je remplis, au nom de l'Académie, une obligation que lui imposent des usages respectables, auxquels elle n'a garde de déroger, quand il lui est permis de les observer! Le tableau des nobles et courageux efforts d'une belle intelligence pour résoudre un problème qui se pose devant la science et devant l'humanité, est d'ailleurs bien digne de votre intérêt. Le plus grand génie de l'antiquité, Aristote, le jugeait insoluble et plaçait le sourd-muet au-dessous de l'esclave, qui pour lui était moins qu'un homme; un autre génie, son égal, saint Augustin, partageait cette fatale erreur, et cependant les sourds-muets furent, comme ils sont encore, nos frères d'origine, et par le principe immortel qu'ils portent en eux-mêmes, et par les facultés que la science et la charité ont su rendre manifestes.

Deux mille ans se sont écoulés depuis Aristote; l'Europe a vu le siècle de Louis XIV et ses découvertes; le problème restait inaccessible; il était réservé au dix-huitième siècle, qui n'est pas encore suffisamment connu ni justement apprécié, d'aborder courageusement l'œuvre déclarée tant de fois impossible, et à un Français, l'abbé de l'Épée, de faire le premier l'éducation publique du sourd-muet avec un succès qui décida les peuples civilisés à l'imiter dans sa généreuse entreprise [1]; sans doute, il savait que d'autres avaient réussi avant lui sur quelques sujets isolés; mais, avec quels efforts,

[1] Les éloges accordés à l'abbé de l'Épée par tous ses contemporains, et que la postérité a bien consacrés, sont dus autant à son habileté et à sa méthode qu'à son ardente charité; il rendit possible l'éducation publique du sourd-muet, qui ne pouvait recevoir les soins particuliers d'un maître qu'en échange d'une rémunération au-dessus de la modeste

quelles difficultés, quelle pauvreté de résultats! Oui, en Espagne, en Hollande, en Suisse, en Angleterre, en France même, Ponce de Léon, Paul Bonnet, Amman, Wallis, Rodrigue Pereire ont élevé chacun, à diverses époques, deux ou trois sourds-muets; et pourtant, en 1760, il n'y avait nulle part ni méthode, ni école, et l'abbé de l'Épée créa une méthode, fonda une école qui existe aujourd'hui florissante et prospère [1].

Toutefois, il est permis d'affirmer que l'œuvre du fondateur était imparfaite, comme il l'avait pressenti et déclaré, les procédés pénibles, la méthode en un mot vicieuse ou du moins insuffisante; on savait seulement que le sourd-muet est susceptible d'une éducation analogue à celle des enfants ordinaires, qu'il peut exprimer ses idées par la parole, le langage des signes naturels et l'écriture; c'était beaucoup sans doute, et cependant la science avait promis davantage, et l'on hésitait, on n'osait s'aventurer; et la divergence des procédés pédagogiques, appliqués dans les écoles de France, d'Italie, d'Allemagne, de Suisse et d'Angleterre, accusait hautement une lacune fâcheuse dans l'enseignement du sourd-muet ou une halte honteuse pour le dix-neuvième siècle dans les progrès qu'on devait attendre de notre époque, si féconde en découvertes utiles; sachons com-

ou même infime condition de la plupart des familles. Ce qui ne diminue d'ailleurs en rien l'estime que méritent ses rivaux dans cet art, comme Jacob-Rodrigue Pereire.

[1] Le langage des signes naturels, d'un côté, l'articulation, de l'autre, sont deux moyens d'une grande valeur, que l'on a toujours appliqués à l'enseignement des sourds-muets. La plupart des écoles les emploient simultanément ou successivement : quelques-unes en adoptent un et s'en servent exclusivement. L'expérience n'a pas encore dit son dernier mot sur le meilleur mode à suivre; le Congrès de Milan a fait faire un grand progrès à la question. Espérons que celui de Bordeaux fixé au mois d'août décidera.

prendre cette situation et en accepter les devoirs : disons donc toute la vérité.

Quelques écoles, et notamment l'école de Paris, crurent bien faire en conservant, sauf quelques modifications peu importantes au fond, les procédés de l'abbé de l'Épée et de l'abbé Sicard; ne sommes-nous pas tous un peu routiniers par habitude, paresse ou de parti pris, enclins à repousser toute innovation qui tendrait à prouver, non sans blesser notre amour-propre, que l'on peut faire mieux en faisant autrement? Il est fort heureusement, pour l'honneur et le bien de l'humanité, un mobile puissant d'activité intellectuelle qui nous force à chercher, à découvrir, à perfectionner; et le progrès s'accomplit, grâce à l'initiative de quelques intelligences supérieures, à la fois actives et persévérantes, qu'inspire la passion du bien ou la soif de la renommée. Le moment attendu, presque toujours annoncé, de l'idée qui féconde et de l'art qui applique était venu. Oui, Messieurs, notre collègue a travaillé plus de trente ans à découvrir la solution trop patiemment attendue et l'a trouvée; on le sait aujourd'hui, on l'avoue; et la *méthode intuitive,* dont le nom même était inconnu il y a vingt ans à peine, est partout acceptée, pratiquée avec plus ou moins de succès. N'y aurait-il plus rien à faire? Gardons-nous de le croire : l'application n'en est pas facile, et les phases pénibles de la vie laborieuse que nous avons à dérouler, les incidents qu'elle nous offre, feront suffisamment ressortir les difficultés d'un art dont notre regretté collègue avait pénétré les secrets, parce qu'il lui avait voué sa vie entière.

J. J. Valade-Gabel, né à Sarlat (Dordogne), le **23** septembre **1801**, était le cinquième des six enfants issus du mariage de Jean-Baptiste Valade et de Félicité Gabel de Monfabès. Le père eut, avant la Révolution dont il adopta les principes, une modeste aisance, fruit d'un travail intelligent et appliqué dans le commerce. Désigné à l'autorité par la confiance qu'il inspirait, il fut chargé de fonctions publiques qu'il remplit honorablement pendant les troubles de cette époque si agitée; il fut loin d'en tirer parti, car un remboursement considérable en assignats lui causa des pertes qui le laissèrent sans fortune. Après avoir été successivement officier de l'état civil, caissier de la commune, percepteur et receveur de l'octroi, quand vint la première Restauration, il fut privé de tout emploi et se trouva sans ressources. Dans cette situation critique, il dut son salut au dévouement et à l'intelligence de son fils aîné et de sa fille, qui fondèrent une école primaire sous le patronage éclairé de M. Lecomte [1], dont les connaissances étendues et le caractère généreux étaient appréciés dans tout le Sarladais; bientôt l'école grandit, prospéra et devint une institution importante avec un pensionnat; elle mérita et obtint une juste réputation dans la Dordogne et le Lot. Le jeune Valade, dont nous écrivons l'histoire, avait jusque-là ébauché son éducation; il la reprit vaillamment pour être en mesure de seconder ses frères. C'est alors que, guidé par les sages conseils de M. Lecomte, il étudia et comprit l'excellente méthode d'enseignement du célèbre Pestalozzi; il en fit l'application sur lui-même, avant de s'en servir pour l'école dirigée par ses frères aînés; et c'est ainsi qu'il devint professeur à quinze ans, en même temps qu'il était élève,

---

[1] Lecomte (Auguste-François-Michel), mort le 18 juillet 1864, à quatre-vingt-douze ans, né à Romorantin le 25 octobre 1772, fut à la fois un penseur éminent, un grammairien et un musicien remarquable; à cinquante-neuf ans, il prit courageusement le diplôme d'instituteur pour former une école qu'il dirigea d'après la méthode Pestalozzi, dont il faisait le plus grand cas. Ce fut le guide et le patron de l'institution des frères Valade. (Voir son Éloge par Ch.-Émile Ruelle fils, *Journal général de l'instruction publique*, 7 septembre 1864.)

double rôle qu'il remplit au profit de la maison et au sien propre.

Cependant, quoique prospère, l'institution ne pouvait suffire à l'activité d'une famille nombreuse. Un ami, le comte de Noailles, observateur éclairé, fut frappé des heureuses dispositions du jeune instituteur et lui fournit les moyens d'embrasser une autre carrière, en lui donnant une lettre de recommandation destinée à l'introduire dans l'école des sourds-muets de Paris. D'autres personnages aussi bienveillants l'accueillirent avec une touchante cordialité, qui l'encouragea et lui rendit moins pénible l'apprentissage du nouvel enseignement dont il eut à s'occuper. Ainsi, en 1825, à l'âge de vingt-quatre ans, il était aspirant répétiteur à l'école qu'avait illustrée l'abbé de l'Épée et qui n'avait rien perdu de son éclat sous son habile successeur l'abbé Sicard[1]. S'arrêter dans la voie du progrès, c'est reculer, et le jeune répétiteur s'aperçut bientôt qu'on s'était arrêté; la perspicacité de son esprit, l'application qu'il mit d'abord à s'instruire, puis à perfectionner les procédés employés avant lui avec la régularité automatique et routinière qui éteint l'émulation, attirèrent l'attention des administrateurs, au nombre desquels se trouvait le baron de Gérando[2], bien capable

[1] La décadence de l'École après la mort de l'abbé Sicard est attestée par d'imposants témoignages, au nombre desquels figurent les justes et peut-être sévères critiques de Bébian; il faut y joindre les judicieuses observations de Montglave, Esquiros, Seguin, Hubert-Valleroux et Blanchet. Les réformes successives qui ont été essayées, que l'on essaye encore, ne laissent pas le moindre doute à cet égard.

[2] Le baron de Gérando, que l'Académie a compté parmi ses correspondants, après l'avoir couronné pour son beau Traité sur la bienfaisance publique et les moyens de diminuer la misère de la classe ouvrière, a surtout contribué par ses écrits sur l'enseignement des sourds-muets à faire adopter les réformes proposées par Valade-Gabel;

assurément d'apprécier l'aptitude de l'aspirant répétiteur.

Admis le 8 septembre 1825, il fut nommé répétiteur en avril 1826, avant d'avoir achevé une année de noviciat. C'est alors que, maître à son tour, bien qu'en sous-ordre, il put reconnaître et signaler les vices et les lacunes d'un enseignement qui, loin d'avoir reçu de l'expérience les perfectionnements qu'on devait en attendre, avait perdu tout son éclat primitif et se traînait dans l'ornière des procédés grammaticaux. L'abbé de l'Épée avait sans doute pratiqué presque exclusivement la mimique, ce langage que la nature et les relations de famille avaient créé à moitié; il y avait joint des signes dit *méthodiques,* qui surchargent la mémoire aux dépens de l'intelligence et surtout au détriment de la langue maternelle, la seule qui soit à la fois nécessaire et suffisante; mais il avait pressenti et demandé les perfectionnements que le temps devait amener, lorsqu'il disait à l'abbé Sicard : « *J'ai trouvé le verre ; c'est à vous de faire les lunettes.*» Il avait également reconnu et admiré le mérite de son rival Rodrigue Pereire ; comme lui, il pratiqua l'enseignement par l'articulation et la lecture sur les lèvres, sans y attacher l'importance que de nombreux essais ont permis de constater depuis; il était donc mieux encore que son successeur immédiat sur la voie d'un progrès réel, qu'il eût peut-être réalisé s'il eût vécu plus longtemps.

Valade-Gabel avait aperçu les défauts, vu les lacunes; les premières leçons de Jules Lecomte lui avaient servi de guide. C'est le propre des bonnes méthodes de s'appliquer efficacement à des études d'un ordre divers, ce qui tient à l'étroite liaison qui unit les objets de notre connaissance; ici il y avait de plus l'analogie du mode d'éducation qui convient à

c'est un des bienfaiteurs de l'humanité dont la place est marquée à côté de celle de l'abbé de l'Épée ou même de saint Vincent de Paul.

l'enfance, malgré l'inégalité que la nature et les accidents, qui menacent une vie si fragile, produisent trop souvent... Dès 1826, les remarques et les études personnelles du nouveau répétiteur furent prises en considération ; il obtint, en 1829, un avancement dont il s'était rendu digne ; il fut nommé professeur, et ce titre lui valut, avec une position honorable, l'avantage de voir la meilleure société de Paris, celle des savants de tout ordre, dont il avait toujours recherché les utiles entretiens.

Au nombre de ces relations, figurait le célèbre entomologiste Latreille [1], qui l'accueillit d'abord en ami, puis en père, lui donnant pour épouse, en 1831, sa nièce et fille

[1] Latreille, dont le nom s'offre à notre plume, ne fut pas un simple correspondant de l'Académie ; il fut l'ami de plusieurs de nos prédécesseurs, notamment de M. Dargelas, botaniste distingué ; nous ne pouvons résister au désir de citer un trait qui honore ce dernier et l'Académie. L'éminent naturaliste revenait d'Espagne en 1794, après une excursion purement scientifique, et traversait Bordeaux, lorsqu'il fut dénoncé, saisi et emprisonné comme émigré. Il y avait alors peu d'intervalle entre le cachot et l'échafaud. Latreille eut la bonne fortune d'avertir Dargelas du péril qui le menaçait, et voilà notre Bordelais en campagne, invoquant l'intervention de tous ses amis (plusieurs membres de la nouvelle Société); on fit si bien que le célèbre entomologiste fut sauvé et fêté par les naturalistes de Bordeaux, ce qu'il n'a jamais oublié !... La correspondance du savant, qui eut toutes les qualités du père de famille, correspondance remarquable, en fait foi. Dans une lettre adressée à sa fille adoptive, il dit en finissant : « Si vous vous décidez d'aller à Bordeaux, mandez-le-moi aussitôt ; je vous enverrai une lettre pour M. Dargelas, mon dieu sauveur dans la tourmente révolutionnaire. »

Walckenaer prononça son éloge funèbre sur sa tombe le 8 février 1833, au nom de la Société entomologique de France. Le *Dictionnaire* de Bouillet (4ᵉ édit., 1866) rapporte que Latreille, incarcéré à Bordeaux comme ecclésiastique, dut sa liberté à l'envoi d'un insecte très-rare qu'il adressa à l'un des proconsuls bordelais, amateur passionné d'entomologie ; nous n'infirmons pas l'anecdote, mais nous doutons de l'exactitude d'un fait qui n'est pas d'accord avec la pensée de Latreille désignant son sauveur

adoptive, Louise Seguin. C'était le plus précieux, le plus beau présent qu'il pouvait lui faire; car, dans cette union, Valade-Gabel a joui jusqu'à la fin de ses jours d'un bonheur qui lui permit de supporter les disgrâces et les douleurs que le monde n'épargne pas aux plus dignes de ses enfants.

Bientôt père de famille, il fit un nouvel essai des idées qu'il avait recueillies sur l'enseignement; il avait longuement médité de nombreuses, d'importantes améliorations, et s'était surtout étonné que l'on pût oublier les sages leçons de la nature inspirées aux mères par leur tendresse, pour l'éducation des enfants ordinaires qui, grâce à la sollicitude instinctive dont ils sont l'objet, apprennent si vite et si bien à parler dès qu'ils savent penser. Pourquoi ne point suivre avec les sourds-muets la marche dont on a reconnu les avantages, puisque eux aussi ont les mêmes facultés de connaître, de sentir, d'apprécier et de comparer? La difficulté de donner aux sourds-muets une éducation pareille à celle que reçoivent les enfants qui entendent, est grande, on le sait; elle a paru longtemps insurmontable; cependant on a réussi à la vaincre, il y a plusieurs siècles, en Espagne, en Hollande, en Angleterre, et la France a été témoin de plus d'un prodige en ce genre. Quel est l'art qui, à sa naissance, atteint la perfection? Quel est le procédé, si pénible et si défectueux d'abord, qu'un travail persévérant ne simplifie et ne transforme pour ainsi dire? Valade-Gabel eut le double mérite de voir le défaut et de le corriger. Il avait compris de bonne heure la haute influence de l'éducation maternelle, qui a pour base la vue des objets et leur usage immédiat [1]; l'expérience faite dans l'enseignement

---

[1] La connaissance des choses s'obtient par l'observation, qui consiste surtout dans l'attention avec laquelle nous étudions l'impression qu'elles font sur nos sens. Au premier rang il faut placer l'action de la vue et celle de l'ouïe; ces organes sont mis en jeu dès les premiers

public et officiel, celle qu'il poursuivit dans sa propre famille, le confirmèrent dans ses idées d'une réforme que Bacon semble avoir caractérisée par cette maxime d'un sens profond :

« On ne peut vaincre la nature qu'en lui obéissant. »

Le double champ d'observation qui s'offrait à lui, les leçons de son premier maître Lecomte, lui montraient clairement la voie qu'il fallait suivre; mais pour opérer la transformation intellectuelle et physiologique du sourd-muet, que de préjugés à détruire! que de luttes à soutenir! que d'obstacles à vaincre! Et Valade-Gabel n'était alors qu'un simple et obscur professeur. Il avait trouvé la *méthode intuitive* qui consiste à reproduire l'impression par un signe représentatif qui fut longtemps et presque exclusivement le signe mimique, puis l'écriture, enfin la parole avec la lecture sur les lèvres. Plus on s'est rapproché de l'enseignement maternel, plus on a perfectionné l'éducation du sourd-muet, car l'enfant ne parle pas d'abord; il écoute longtemps avant d'essayer de se servir de la parole. Chez le sourd-muet, l'organe vocal existe, il produit même instinctivement des sons confus et inarticulés; que sera-ce si vous le soumettez à des exercices gradués et savamment combinés? Certes il ne flattera jamais nos oreilles, du moins l'expérience nous l'a appris; mais l'art est encore dans son enfance, et dans tous

jours de notre existence, et s'il est difficile de décider auquel des deux nous devons le plus, on ne peut contester l'importance des services qu'ils nous rendent. Les sourds-muets de naissance ou par accident (si la surdité arrive de bonne heure) n'ont qu'une de ces voies; de là naîtra la *méthode intuitive*, c'est-à-dire l'enseignement par l'objet ou le fait, que l'on signale au sourd-muet, pour qu'il voie et retienne. Il restera à fixer l'idée en la liant par un signe convenu à l'objet ou à l'acte; le dessin sera un moyen, quoique bien imparfait. L'écriture alphabétique sera le moyen le plus rationnel, car il devient un langage commun à ceux qui entendent et à ceux qui n'entendent pas.

les cas les services qu'il rend, dans l'état actuel de l'enseignement, sont autrement précieux que ceux du langage
mimique, étranger à tout le monde ou peu s'en faut, et d'ailleurs si souvent équivoque.

Il importait à Valade-Gabel d'appliquer sa méthode libre-
ment et sur une grande échelle ; c'est l'épreuve décisive qu'il
lui fut permis de tenter lorsqu'il fut nommé en 1838 directeur
de l'École de Bordeaux, comprenant les deux sexes dans le
même local. L'expérience fut complète, parce qu'il fut le
maître d'en diriger les minutieux procédés, perfectionnant
ou rectifiant chaque jour l'œuvre qu'il avait la bonne fortune
d'inaugurer.

Avait-il en quittant Paris la pleine conviction des lacunes
et des défauts qu'il avait signalés, et de la supériorité de la
méthode qui devait relever l'enseignement des sourds-muets ?
Sur le premier point il ne pouvait se tromper ; d'autres que
lui avaient avant lui et plus vivement réclamé des réformes
jugées indispensables ; ses vues nouvelles, succédant aux
critiques plus ou moins sévères de savants comme de
Gérando, ou d'habiles professeurs comme Bébian [1], avaient
obtenu l'approbation du directeur M. Ordinaire et du ministre Montalivet ; ce fut assurément une des causes de son
élévation ; l'école de Bordeaux fut le champ d'expérience
qu'on lui fournit. Sur le second point, il restait et devait

---

[1] Bébian (Auguste), filleul et élève de l'abbé Sicard, né à la Guade-
loupe en 1789 et mort en 1834, a été un des plus habiles collaborateurs
de son maître ; il a composé pour l'enseignement du sourd-muet
plusieurs ouvrages estimés et dirigé en 1826-1827 un journal d'enseignement pour les sourds-muets et les aveugles ; il a fait une vive critique,
judicieuse à certains égards, passionnée dans son ensemble, des procédés
suivis par l'École de Paris après la mort de l'abbé Sicard ; d'un autre
côté, il a exagéré le mérite et la valeur des signes mimiques jusqu'à
prétendre qu'on en doit tirer une langue universelle.

rester dans l'esprit de Valade-Gabel ce doute sage et prévoyant qui mène à la vérité par l'expérimentation; déjà il était convaincu de la nécessité d'interroger de plus près la nature, dont on s'était éloigné par une mimique artificielle; des succès partiels lui permettaient d'ailleurs de compter sur la réalisation de ses espérances. Toutefois, il avait à opérer sur des groupes et par suite à élargir le cadre de ses investigations, en perfectionnant ses moyens d'action dans les difficultés imprévues qu'il devait rencontrer; c'est ce qu'il fit à Bordeaux, où il devint tour à tour administrateur, professeur et répétiteur. — Avant d'appliquer sa méthode, il fallut former les maîtres qui devaient le seconder, remplacer le personnel qui ne pouvait ou ne voulait pas le comprendre; c'est dans cette transformation lente et graduelle qu'il lui fut donné, comme premier fruit de sa laborieuse mission, de vérifier, par de nombreux succès, la supériorité de la méthode qui prit le nom d'*intuitive,* et dont il se servit le premier.

Il eut la bonne fortune de rencontrer une collaboration aussi intelligente que dévouée dans un de ses frères, M. Remi Valade[1], devenu censeur des études dans le quartier des garçons, et chez les Dames de Nevers, qui dirigent encore aujourd'hui, dans le même esprit et avec un succès remarquable, l'Ecole des Sourdes-Muettes de Bordeaux. Il reçut, à l'occasion des solennités annuelles qui terminent les travaux des élèves et font connaître leurs progrès, les témoignages les plus honorables et les plus flatteurs des présidents, des

---

[1] Nous connaissons plusieurs travaux de M. Remi Valade, qui peuvent prendre place à côté de ceux de son frère, dont il a souvent développé les idées. Le mémoire qui fut couronné par l'Académie renfermait des observations intéressantes; il eût voulu généraliser l'enseignement du sourd-muet, le rendre plus simple et plus pratique, afin d'appeler aux écoles un plus grand nombre de sujets. (Voir tome VI des *Actes de l'Académie,* année 1844.)

préfets ou des notables de la ville. M. Ferdinand Leroy, secrétaire général de la préfecture, depuis préfet à Château-roux, qui fut aussi l'un des nôtres [1], parlant au nom du préfet de la Gironde, fit en connaisseur un historique intéressant de l'origine et des progrès de l'art; ses discours de 1840, 1841 et 1842 sont d'excellentes leçons de pédagogie où revient à chaque instant l'éloge du directeur. M. Maillères, président de la Commission consultative, appréciait en pleine connaissance de cause les services rendus aux sourds-muets par l'habile directeur dont il déplorait, en 1850, le change-ment si préjudiciable à la seconde École nationale.

Pendant cette courte mais féconde période de la vie de Valade-Gabel, l'Académie eut la bonne fortune de le compter parmi ses membres, comme deux de ses prédécesseurs, l'abbé Sicard et Guilhe, l'un fondateur, tous les deux directeurs de l'École nationale des Sourds-Muets de Bordeaux. Le mémoire qui accompagnait la candidature que nous fûmes heureux d'accueillir a été publié dans nos *Actes* (t. I de la nouvelle série 1839). Il a une importance capitale et fait connaître la valeur des deux systèmes alors employés dans les écoles. Le premier, plus spécialement appliqué en Allemagne, n'est autre chose que l'articulation artificielle combinée avec l'alphabet labial ou la lecture sur les lèvres;

---

[1] Ferd. Leroy fut un des plus assidus à nos séances académiques et un des membres les plus actifs; il a laissé de profonds regrets et mérité, plus que bien de hauts personnages, l'estime et les sympathiques affec-tions de la Compagnie. Secrétaire général de la préfecture, il profita de sa position pour enrichir nos *Actes* de ses curieuses investigations dans les archives départementales. L'Académie lui est redevable de plusieurs documents historiques. J'éprouve une véritable satisfaction à le rappeler à vos souvenirs. A l'Institution des Sourds-Muets, il a également rendu des services qui lui ont mérité la reconnaissance des professeurs comme celle du directeur.

le second, plus répandu en France, est le langage naturel des signes ou *mimique*. Tous les deux ont été imaginés, il y a longtemps, et pratiqués avec succès en Espagne, en Hollande, en Allemagne, en Angleterre et en France.

Les idées développées dans ce travail remarquable, il les avait déjà communiquées deux ans auparavant à l'administration, qui les avait approuvées, ainsi qu'à ses collègues, professeurs comme lui à l'École de Paris : essayons de les condenser.

Le but de l'enseignement du sourd-muet est double : développer l'intelligence et mettre l'enfant en communication avec la société dont il ne connaît pas la langue. Or la parole n'est qu'un vain son, tant qu'elle ne conduit pas à la connaissance ; le signe mimique n'a pas plus de valeur, s'il ne représente rien. Mais aussitôt que la parole lue sur les lèvres ou entendue correspond à une idée, ou le signe à un fait, le langage est trouvé ; la communication des esprits est accomplie.

L'articulation artificielle a donc pour complément nécessaire l'alphabet labial, c'est-à-dire la lecture sur les lèvres, tandis que le signe mimique est traduit directement par l'organe visuel qui perçoit l'objet ou l'action ; l'un et l'autre mode est admirablement complété par l'écriture, qui conduit à la connaissance de la langue maternelle. Le premier mode, plus difficile, semble au premier abord ne pouvoir s'appliquer aux faibles intelligences ; le second est facile et universellement applicable. Ici se présente une divergence de vues, qui n'a pas médiocrement nui aux progrès de l'enseignement dans les meilleures écoles et avec les meilleurs maîtres. Les uns ont proscrit tout signe, n'admettant du commencement à la fin que la parole artificielle et l'alphabet labial ; l'écriture en est un simple auxiliaire. D'autres, au contraire, ne veulent que le langage mimique, puissamment secondé par l'alphabet manuel et l'écriture. L'éclectisme a une assez grande popularité, et la plupart des écoles, même en Allemagne, ont adopté les deux instruments, en donnant cependant à l'un une certaine prépondérance. Il en est enfin qui ont pensé avec Valade-Gabel qu'il était plus logique et plus simple de commencer par le langage des signes, en ajournant de quelques mois l'application de la parole artificielle.

Laissant à regret nombre d'observations judicieuses, qu'il me soit permis d'ajouter que l'expérience apprit à Valade-Gabel qu'on pouvait oser davantage, et qu'il y a moins de danger à aborder résolûment la difficulté qu'à l'ajourner : si le premier système, qui n'est pas plus allemand que français, est le meilleur, appliquons-le tout de suite et constamment dès le principe jusqu'à la fin.

Le même volume renferme un article intéressant sur l'établissement agricole fondé par l'abbé Dupuch et dirigé par l'abbé Buchou ; établi d'abord à Gradignan sous le nom d'orphelinat, il a pu obtenir une position moins précaire par l'achat d'une propriété qui permet de réaliser une économie considérable dans la dépense.

En 1841, vous receviez 80 médailles trouvées dans le jardin de l'établissement des sourds-muets et recueillies avec soin par Valade-Gabel. Notre savant collègue Jouannet y reconnut quatre médailles gauloises d'une rareté extrême : cette heureuse découverte a été le sujet de ces remarquables dissertations dont la science est redevable à vos travaux.

En 1842, sur le rapport de Valade-Gabel, vous accordiez une médaille d'or à M. Girard, fondateur d'une Caisse de secours mutuels, qui a rendu et rend de grands services à la classe ouvrière, dont elle augmente le bien-être en exerçant une heureuse influence sur sa moralité.

En 1843, il vous rendait compte, en qualité de secrétaire

général, des travaux de l'année, et décernant à la carrière parcourue par Claude Deschamps un hommage bien mérité, il souhaitait pour lui l'éloge que vous avez l'usage de consacrer à la mémoire des membres qui ont honoré la Compagnie. Le vœu qu'il exprimait s'est réalisé au milieu de vous : je crois remplir un devoir en vous communiquant la pensée de Valade-Gabel.

En 1845, comme président, notre collègue, dans la séance du 4 décembre, lut un discours qu'il intitula modestement *Essai sur les distractions de l'esprit*. Cette dissertation spirituelle, mais bien courte pour remplir son objet, il en a puisé le sujet dans la devise inscrite sur le sceau de l'Académie : *Utile dulci*. L'étude dont il s'agit est donc psychologique dans ses causes nombreuses et variées, pratique dans les effets produits par les exercices de notre activité. En chercher l'origine, en étudier les formes suivant les temps, les lieux et le génie des peuples, serait une intéressante étude; Valade-Gabel n'ose l'entreprendre et se borne à citer des exemples heureusement choisis dans Michel Montaigne, Bacon, Newton, afin d'en tirer une utile leçon pour les sourds-muets, dont il connaissait et redoutait les fréquentes distractions.

En 1849, Valade-Gabel vous communiquait un mémoire important sur l'enseignement de la langue écrite : sans la connaissance de ce précieux instrument d'étude, il n'y a pas de vrai progrès, pas plus pour l'enfant qui entend que pour le sourd-muet; mais à l'entrée de l'école s'offre, comme un cerbère, la grammaire avec ses définitions, ses règles, ses prétendus principes, ses abstractions, et si les enfants aidés du puissant auxiliaire de la parole en redoutent les pénibles démonstrations, que sera-ce du sourd-muet? Le bon abbé de l'Épée disait à ce sujet : « Il faut faire entrer par la fenêtre chez le sourd-muet ce qui chez nous entre par la porte. »

Ces mots, où l'on retrouve le secret de sa méthode, peuvent s'appliquer aux ressources qu'une mémoire exercée avec sagacité par l'écriture offre au sourd-muet mieux encore que la parole, dont l'articulation cause de fréquentes méprises; quand il s'agit d'orthographe, l'écriture devient un excellent guide pour l'étude de la langue.

Les travaux professionnels de Valade-Gabel seraient insuffisamment appréciés, si nous omettions de mentionner les discours qui chaque année s'adressaient à la société d'élite qu'attirait la séance de clôture à l'établissement des sourds-muets. Chacun traite d'un point de vue pédagogique ou historique dont l'étude lui a paru digne d'intérêt; pour lui, s'arrêter dans le progrès, c'est reculer; et, dans l'éducation, il n'est pas de méthode, si bonne qu'elle soit, qui ne puisse être améliorée.

En 1845, il se plaint de l'insuffisance du temps accordé par les règlements pour l'instruction des sourds-muets. Six ans ne lui suffisent pas; il réclame au moins une septième année. Est-ce que dans nos lycées l'enseignement ne dure pas huit ou neuf ans environ? Nous croyons savoir que ce vœu a été entendu et tout récemment réalisé.

En 1846, il adresse aux familles des sourds-muets qui sortent de l'école, pour n'y plus rentrer, de sages et utiles conseils sur la conduite qu'elles doivent tenir envers leurs enfants, afin qu'ils ne perdent pas le fruit de leurs laborieuses études.

En 1848, il offre le tableau de la lutte à la fois savante et polie qui s'éleva entre Rodrigue Pereire et l'abbé de l'Épée, qui cherchaient à faire prévaloir les méthodes opposées de l'articulation et du langage mimique; toutefois ils surent se rendre une mutuelle justice, et tous les deux ont des droits à la vive reconnaissance des sourds-muets, comme aux respectueux hommages de tous les gens de bien. Avec l'historien impartial de ces personnages également illustres à des titres divers, on peut conclure que l'un fut créateur et apôtre en même temps; l'autre, le rénovateur heureux d'un art oublié ou dégénéré.

Il n'eut garde d'oublier le modeste et habile collaborateur de l'abbé Sicard, Jean Saint-Sernin, dont le zèle, le dévouement et la charité, dans l'accomplissement de l'œuvre qui lui fut confiée, ne méritent pas moins d'éloges que n'en obtient l'abbé de l'Épée lui-même de la postérité reconnaissante. Les leçons que l'abbé Sicard, sur l'initiative hardie de Champion de Cicé, prenait auprès de l'abbé de l'Épée en 1785, il les suivait de loin avec un tel succès qu'il put, en 1786, sous la direction de Sicard, se charger de l'enseignement dans la nouvelle école dont il fut lui aussi le fondateur; deux ans après, à la mort de l'abbé de l'Épée, que remplaça l'abbé Sicard, il resta seul chargé de la direction de la nouvelle école de Bordeaux. Valade-Gabel rend à ces services un touchant hommage et ne craint pas de dire que Massieu doit à ce maître autant qu'à l'abbé Sicard, qui recueillit seul le bénéfice d'un succès aussi flatteur que complet en appelant à Paris l'intelligent élève de Bordeaux; il ne pouvait oublier le triomphe obtenu à Paris, en 1793, lorsque, menacé de la ruine d'un établissement auquel il s'était dévoué, il produisit à Paris et devant la Convention, le 18 mars 1793, les deux élèves Baudonnet et Palsy qu'il avait amenés de Bordeaux : l'un et l'autre se montrèrent les dignes émules de leur camarade Massieu.

Il nous reste à signaler le discours prononcé par Valade-Gabel sur la tombe de son prédécesseur Henri-Charles Guilhe, mort en 1842; il décrit brièvement les incidents variés non moins qu'honorables d'une vie mêlée aux troubles d'une époque mémorable, et par conséquent agitée, elle aussi. Il fait remarquer l'analogie des idées théoriques ex posées dans les leçons de cet instituteur avec celles de l'abbé Sicard : comme ce dernier, Guilhe fit une trop grande part dans l'enseignement du sourd-muet à l'étude abstraite et difficile de la grammaire, visant trop haut pour atteindre le but.

La disgrâce imméritée de Valade-Gabel, appelé à Paris pour remplir les fonctions de professeur qu'il y avait exercées douze ans auparavant, disgrâce qu'on n'expliqua jamais que par une surprise, eut une double influence : l'une fâcheuse pour les sourds-muets de Bordeaux, qui se virent privés du directeur le plus habile qu'eût jusque-là compté l'Institution ; l'autre favorable à l'enseignement et surtout aux destinées de la victime elle-même : la suite de ce récit va le démontrer. D'abord la marche progressive et inespérée qu'avait imprimée Valade-Gabel à l'enseignement, soit théorique, soit pratique, fut suspendue, et la réforme que réclamait la vicieuse direction des études, si bien constatée à Paris quinze ans auparavant, fut ajournée. Il y a plus : on faillit perdre le seul maître capable de l'accomplir ; car Valade-Gabel, profondément blessé de l'injuste décret qui le faisait descendre de son rang de directeur à celui de simple professeur, avait résolu de repousser l'injure en donnant sa démission. Des regrets sympathiques, des instances pressantes et réitérées, émanant de hauts fonctionnaires du ministère de l'intérieur, le disposèrent à accepter la position qui lui était assignée. Deux motifs impérieux l'y décidèrent : un attachement sincère et profond à la noble profession qu'il avait embrassée avec la ferme résolution de lui dévouer sa vie entière ; ses devoirs de père de famille, qui lui prescrivaient une résignation absolue et une abnégation d'où dépendait l'avenir de ses enfants. Il y avait sans doute un secret motif qui devait agir sur cet esprit convaincu : l'espoir de faire connaître et apprécier à Paris, sous l'œil du ministre, l'heureuse réforme qu'il avait introduite dans l'enseignement du sourd-muet.

Ce fut en effet le principe et la cause de l'influence favorable qu'une mesure irréfléchie vint exercer sur la nouvelle carrière que Valade-Gabel était destiné à parcourir.

Il prit donc auprès de ses anciens collègues l'humble position qu'il avait occupée vingt ans auparavant, et dut accepter en outre la direction d'une classe spéciale d'articulation et de lecture sur les lèvres. C'était la dernière épreuve qu'il eût à subir; on lui rendit justice en lui conférant le titre de directeur honoraire de l'École de Bordeaux, justice tardive pourtant, car les fatigues de l'enseignement l'obligèrent de prendre sa retraite en 1852.

Un assez long séjour aux eaux thermales lui rendit ses forces, contre toute espérance; et il put chercher dans une voie moins pénible les ressources que réclamait l'éducation de ses enfants; il n'eut qu'à se féliciter de cette résolution. Un médecin justement estimé pour ses travaux et ses succès dans le traitement de la surdité, le Dr Hubert-Valleroux, lui fit confier l'éducation d'un sourd-muet chez lequel il était parvenu à rétablir en partie la sensibilité auditive : c'était lui fournir l'occasion d'appliquer la méthode dans des conditions nouvelles; un premier succès confirmant la bonté de son enseignement lui amena de nouveaux élèves; ses propres enfants le secondèrent et se formèrent à son école. Encouragé par des résultats qu'il avait pressentis, il fit connaître les faits, en instruisit l'Académie de médecine, proclamant la nécessité de combiner pour la guérison des sourds-muets ou leur éducation les moyens offerts par la science médicale avec les procédés pédagogiques dont l'efficacité était, grâce à lui, mise hors de doute.

L'École de Paris, abandonnée d'ailleurs à la fatale influence d'une routine aveugle, et faiblement dirigée par une autorité étrangère aux habitudes sévères, mais logiques de l'enseignement, devint l'objet d'une enquête minutieuse. L'administration supérieure s'inquiéta justement d'une décadence qui allait grandissant; des résolutions vigoureuses furent prises et amenèrent deux incidents qui donnèrent à l'enseignement une face inattendue : le premier fut la séparation des sexes dans les Écoles nationales de Paris et de Bordeaux [1]; en 1859, les sourds-muets furent dirigés sur Paris, et les sourdes-muettes sur Bordeaux. Valade-Gabel fut consulté sur l'opportunité de cette mesure, qu'il approuva en principe, sans dissimuler l'étendue des lacunes qu'elle présentait. Il est aisé en effet de voir que mieux eût valu conserver les deux sexes, soit à Paris, soit à Bordeaux, sauf à leur assigner des habitations séparées : il est probable qu'une pareille mesure sera plus tard adoptée, lorsqu'on en comprendra bien tous les avantages; on n'aura qu'ajourné une dépense qu'il eût été préférable de faire au moment opportun d'une nouvelle organisation.

Le second incident est plus grave encore dans son principe comme dans ses conséquences; ce fut un appel direct aux lumières des classes de l'Institut de France pour juger un concours ouvert en 1855 sur le choix de la méthode qu'il conve-

---

[1] Il y a double avantage à posséder dans la même localité, souvent même dans un seul établissement, les deux sexes. Une de ces écoles sert de modèle ou de stimulant à l'autre; certains professeurs habiles sont communs aux deux institutions, et les familles y trouvent leur compte. Aujourd'hui, si la même famille a deux enfants sourds-muets de sexes différents, on enverra la fille à Bordeaux et le garçon à Paris. La mesure qu'on a adoptée, et dont nous ne pouvons blâmer l'opportunité à certains points de vue, a pour effet immédiat de diminuer le nombre des enfants instruits. Il y aurait un remède à ces inconvénients : ce serait de multiplier le nombre des écoles libres et communales; mais où prendre les professeurs, s'il n'y a pas d'école normale?

nait d'adopter dans l'enseignement des sourds-muets [1] ; le jugement ne fut rendu que le 3 juillet 1861 : il y a quelque intérêt à suivre les péripéties de ce concours, car elles méritent d'être méditées.

Les cinq sections de l'Institut furent invitées à désigner chacune un membre pour composer le jury ; MM. Dumas, Nisard , Jomard et Franck furent nommés par quatre d'entre elles ; la cinquième, celle des beaux-arts, se déclara incompétente. La Commission, avant de procéder à l'examen des mémoires envoyés, crut devoir provoquer une enquête qui permît d'apprécier la situation des écoles et de l'enseignement en France ; et c'est après une étude comparative par l'un des membres du jury, M. Franck, des résultats obtenus, que fut rédigé le rapport qui assignait aux mémoires présentés le rang qu'ils devaient occuper. Des trois mémoires soumis à l'appréciation des délégués de l'Institut, un seul mérita une entière approbation et fut hautement recommandé au ministre de l'intérieur comme offrant le meilleur système d'enseignement. Valade-Gabel, auteur du mémoire, avait gagné la cause qu'il soutenait depuis plus de vingt ans ; la *méthode intuitive,* qu'il avait enseignée, pratiquée, expérimentée, à laquelle il avait donné le nom expressif qui indique si bien le principe et l'instrument de la connaissance du sourd-muet, avait triomphé, et l'application en fut immédiate. Les atta-

---

[1] Le concours ouvert par le ministre de l'intérieur a produit un excellent résultat, nous l'avouons ; toutefois il est un signe non équivoque du médiocre intérêt que les gouvernements et les savants, surtout les professeurs ou directeurs, ont attaché à cette importante question. Peut-être n'a-t-on pas fait assez de publicité sur cet appel aux lumières et à l'expérience des hommes spéciaux. Il eût fallu d'abord proposer des prix, juste récompense d'un travail consciencieux et utile ; puis on eût sagement fait de répandre des prospectus sur tous les points de la France, de l'Europe ou du monde, puisqu'il n'y a pas de peuple sur le globe qui ne souffre d'une pareille infirmité.

ques dont elle fut l'objet de la part de l'abbé Lavau, d'Orléans, et de l'abbé Carton, de Bruges[1], furent victorieusement repoussées par Valade-Gabel dans une polémique vigoureuse autant que courtoise.

Le ministre de l'intérieur n'hésita pas; il fit appel au dévouement et aux lumières de l'ancien directeur de Bordeaux, et lui fit oublier la disgrâce imméritée de 1850 en lui confiant une grande mission; il s'agissait à la fois de réformer et d'organiser l'enseignement général des sourds-muets dans les écoles de France. C'était une nouvelle et brillante carrière, telle qu'il eût pu et voulu la remplir en se séparant de ses élèves de Bordeaux : il la fournit avec succès pendant plusieurs années, retrouvant l'ardeur et l'activité que lui inspirait le sentiment du devoir. Multipliant ses leçons, et les reproduisant sous diverses formes par des ouvrages élémentaires, à la portée des plus faibles intelligences, ou par des traités spéciaux, prodiguant ses instructions partout où il fallait rectifier les méthodes, il a relevé l'enseignement des écoles françaises et les a placées au niveau des meilleures. L'abbé de l'Épée et son successeur contempleraient avec satisfaction l'œuvre qu'ils ont fondée il y a plus d'un siècle, s'il leur était donné de revivre parmi nous. L'hommage rendu par le Congrès de Milan à la *méthode intui-*

---

[1] Les critiques de l'abbé Lavau et du chanoine belge Carton ont été réfutées, disons-nous, avec force et modération par Valade-Gabel dans les deux lettres que nous avons mentionnées. Pourquoi le premier n'a-t-il pas suivi la voie qui l'avait conduit si près de la méthode intuitive, réclamée par Bébian et retrouvée ou créée par Valade-Gabel? Pourquoi l'abbé Carton a-t-il mêlé à sa critique scientifique le singulier argument d'une accusation rétrospective de plagiat? L'un et l'autre ont cependant rendu service à l'art pédagogique en obligeant l'auteur de la méthode intuitive à l'expliquer plus complétement.

tive [1] prouve que seule la France a su découvrir le principe de l'enseignement des sourds-muets, par suite donner la solution du problème vainement cherché jusqu'à ce jour. L'articulation artificielle complétée par l'alphabet labial a été connue et pratiquée avec succès il y a plus d'un siècle; la dactylologie syllabique, de création plus récente, l'alphabet manuel espagnol, tout aussi bien que le dessin et l'écriture, sont d'utiles et ingénieux procédés pour faciliter l'éducation du sourd-muet. Aucun ne constitue une méthode, si l'on doit entendre par ce mot scientifique ce qu'ont voulu exprimer nos grands philosophes, Descartes en tête, c'est-à-dire la voie logique et naturelle qui conduit à la vérité.

Un tel résultat n'a pu être l'œuvre du hasard; si le temps, qui mûrit et féconde la pensée humaine, y a puissamment contribué, ne méconnaissons pas le mérite des nombreux essais qui furent tentés à Paris, à Bordeaux, par Valade-Gabel. Ses longues méditations, ses expériences personnelles, traduites et commentées dans des ouvrages spéciaux qui ont été publiés de 1829 à 1879, dates de sa première et de sa

[1] Le Congrès international de Milan, qui réunissait les maîtres les plus habiles en fait de science pédagogique, a constaté : 1º les progrès qu'ont faits les écoles des sourds-muets sur presque tous les points, et principalement en Italie, en France, en Allemagne; 2º que l'articulation artificielle et la lecture sur les lèvres devaient constituer la base presque exclusive de l'éducation; 3º qu'il fallait surtout passer du fait à l'image, pour arriver à l'idée; en un mot, employer la méthode intuitive, pratiquée et enseignée en France depuis Valade-Gabel, qui le premier lui a donné la place et la forme qu'elle doit avoir. Quelques objections ont été formulées au sujet de l'exclusion des signes naturels ou méthodiques; on a soulevé des difficultés sur l'universalité de la parole, comme signe de nos idées, quand on rencontre des intelligences médiocres. Un nouveau congrès qui se prépare pour le mois d'août à Bordeaux dissipera, nous osons le croire, les obscurités ou les craintes qui ajournent encore les améliorations proposées. Nous le répétons, s'arrêter dans la voie ouverte et si clairement indiquée par la nature et l'expérience, c'est rétrograder.

dernière publication, ont été les véritables causes de sa précieuse découverte.

Parmi les essais que lui a suggérés son active et féconde imagination, il en est un qui doit être signalé par l'importance qu'y ont attachée plusieurs instituteurs distingués et celle qu'il y a attachée lui-même; il s'agit de l'introduction du jeune sourd-muet dans l'école primaire destinée aux enfants qui entendent. Soit qu'on se borne à une simple préparation dont l'école spéciale profitera plus tard ; soit qu'on parvienne a faire de l'instituteur ordinaire un vaillant et utile auxiliaire de l'enseignement réservé jusqu'à ce moment à des maîtres spéciaux, il y a tant d'analogie entre la méthode intuitive et celle de la mère dans cette première éducation de l'enfance, qu'il est permis de les associer dans une œuvre commune[1]. Tout au moins on excuserait l'auteur d'un pareil essai, même n'eût-il pas réussi au gré de ses espérances. Or, c'est ce qu'a tenté Valade-Gabel, et il en a fait le sujet d'un traité élémentaire, qu'il destinait aux instituteurs primaires pour leur servir de guide dans l'enseignement du sourd-muet admis dans leur école; là se trouve développée avec une clarté admirable la méthode intuitive qui conduit de la chose ou du fait à l'idée, puis de l'idée au mot, comme elle ramène du mot à l'idée et de l'idée à l'objet. Quel que soit le mérite de l'ouvrage, qui peut servir de modèle aux auteurs des livres que réclament les salles d'asile et les écoles primaires,

---

[1] Les écoles primaires ont peut-être trop à faire pour répondre d'une manière satisfaisante à toutes les exigences du nouveau programme qui leur est imposé; aussi ne devons-nous pas espérer d'y obtenir une place pour les sourds-muets. La solution imaginée par Valade-Gabel n'a pas répondu à son attente. Le moment n'est pas venu de reprendre le même problème au point de vue où il s'était placé; mais l'organisation des écoles achevée, il sera permis d'essayer plus sérieusement le mode qui paraît si simple au premier abord, et dont l'idée avait séduit le ministre de l'intérieur

l'épreuve n'a pas été favorable, et le bienfait rêvé n'a pas été réalisé. Faut-il pour cela méconnaître la valeur d'une pensée de progrès et repousser d'une manière absolue la mesure proposée? Si elle a été abandonnée presque aussitôt qu'essayée, sans que l'expérience ait prononcé sur la possibilité d'en tirer parti, pourquoi ne serait-elle pas reprise en temps plus opportun et dans des conditions nouvelles? Les difficultés qui se sont présentées ne seront-elles pas un peu aplanies? et, dans tous les cas, n'y aurait-il pas moyen d'utiliser le dévouement de nos instituteurs, soit par des cours spéciaux, soit par des leçons données pendant les vacances? Mais il faudrait avant tout préparer leur éducation par une étude des procédés réservés à l'enseignement du sourd-muet, ce qui ne semble pas offrir de sérieuses difficultés.

Rendu ainsi à la vie active par des fonctions qui réclamaient toute la pénétration et toute l'expérience du professeur et de l'administrateur, Valade-Gabel semble recommencer l'œuvre de sa jeunesse; il visite en réformateur les institutions de France, louant ou blâmant, conseillant ou encourageant tour à tour, afin de perfectionner les procédés anciens et nouveaux dont il connaissait si bien les qualités ou les défauts; partout il rend justice au talent, au zèle et à la sagacité des maîtres; ses rapports sur la situation des écoles sont des modèles d'ordre et de clarté; ils donnent une haute idée de sa rectitude d'esprit, de sa finesse d'observation. — Tout est dirigé vers le bien; rien n'est donné à l'apparence et à l'éclat; au-dessus de la rigoureuse impartialité, la première et la plus essentielle obligation de son mandat, il place l'esprit de charité qui l'inspirait dans ses premières fonctions, surtout le désir ardent d'accomplir le bien qui restait à faire.

Il n'est pas d'établissement où il n'ait laissé le souvenir durable de son passage; les lettres qu'il a reçues, celles qu'il a écrites formeraient un recueil de préceptes aussi intéressant qu'instructif[1]. Les unes sont des témoignages de reconnaissance et de respectueuse sympathie; les autres offrent, dans leur ensemble comme dans leurs détails, des preuves touchantes du bienveillant intérêt attaché à ses communications. Diverses missions, et surtout celle qui concerne la

[1] La volumineuse correspondance de Valade-Gabel ne saurait trouver place ici, même par extraits, et nul mieux que moi ne sait combien elle est précieuse au point de vue scientifique, intéressante au point de vue des affections de famille ou des relations sociales. La publication des lettres de Latreille se compléterait par les siennes; puis viendraient les conseils, et ce qu'on peut appeler les consultations qu'il donnait dans l'intérêt de l'art ou des établissements dont il suivait les travaux; enfin ses lettres à ses enfants, à ses amis, formeraient un recueil d'observations qui aurait une grande valeur. Je ne mentionne que pour mémoire ses lettres au ministre, dont les instructions ont un caractère de confiance et d'estime qui donne un intérêt particulier à ces communications.

EXTRAITS DE CORRESPONDANCE INTIME

A sa mère, Félicité Monfabès.

Paris, 1825-1826.

1. « Pauvre mère! Seriez-vous malade? Serait-ce un motif de ce cruel silence? Je vais être sur les épines jusqu'à ce que vous m'ayez rassuré par quelques lignes de votre main; en attendant ce moment désiré, je redoublerai mes vœux pour la conservation de la vie qui m'est la plus chère... »

2. « Parlez-moi surtout de vous : Étes-vous gaie, de bonne humeur, toujours vive? Ne croyez pas que ces questions me soient suggérées par l'ennui; détrompez-vous; je travaille trop pour m'ennuyer. »

A sœur Angélique.

8 juin 1879.

Approuvant l'ouvrage composé dans la maison de Bordeaux pour les sourdes-muettes, il ne se contente pas de louer, il ajoute : « Laissez de côté l'élégance et l'éclat du style; soyez claire et simple : cela suffit. »

Note à l'Académie des sciences (avril 1860)
à l'occasion d'une communication de M. Duméril.

Il rappelle vivement, mais avec modération, les titres de Latreille, qui avait publié dès 1795 un précis des caractères des insectes, avec un tableau de classification. Fabricius est cité en témoignage : c'est le

troisième École nationale, à Chambéry, ont un caractère particulier qui les recommande à notre attention ; elles furent remplies avec un succès qui lui mérita l'estime et l'approbation du ministre de l'intérieur.

L'Académie accueillit et publia dans ses *Actes* un rapport d'ensemble sur les écoles de France, qu'il avait visitées de 1862 à 1868 : c'est un tableau complet, qui forme un des plus précieux documents de statistique intellectuelle, morale et physique, sur les enfants que l'art a fait rentrer dans la société par une éducation spéciale. Les recensements faits en 1851, 1856, 1861 et 1866, malgré quelques erreurs ou lacunes, lui permettent d'affirmer que le nombre des sourds-muets en France, sur une population de 36,692,000 âmes, était de 25,000, c'est-à-dire 1 sur 1,468. On y trouvera des considérations d'un ordre élevé sur divers points de l'instruction morale et pratique. On doit espérer que l'État apportera une sollicitude plus active et plus éclairée au fonctionnement des écoles nationales, comme à celui des écoles départementales et des écoles libres ; celles-ci ne demandant que 446 fr. par an (prix moyen), tandis que l'État dépense 1,045 fr. par tête, une meilleure organisation permettrait

naturaliste éminent qui avait décerné à Latreille le titre de *princeps entomologiæ.*

PENSÉES DIVERSES

1. La grammaire raisonnée doit venir après une connaissance suffisante de la langue écrite ou parlée.

2. L'éducation ne finit pas plus que l'instruction à la sortie des écoles ; elle ne finit qu'avec la vie.

3. Le sourd-muet n'arrive pas table rase à l'école, comme le dit Sicard (qui reconnut plus tard son erreur).

4. De Gérando avait compris et démontré qu'il fallait commencer, non par les mots, mais par la proposition (idée lumineuse et féconde).

5. Il blâme le mélange des sexes (méthode allemande et américaine) pour divers motifs graves.

de répartir l'instruction entre un plus grand nombre de sourds-muets.

Satisfait des résultats obtenus par tant et de si utiles travaux, le ministre manifesta sa haute estime pour Valade-Gabel dans sa correspondance et le nomma chevalier de la Légion d'honneur en 1864, alors même qu'il n'avait rempli qu'une partie de la tâche qui lui avait été assignée; il serait trop long d'énumérer les titres nombreux qui attestent la confiance qu'il avait inspirée : quelques notes, placées à la suite de ce récit, combleront, du moins en partie, des lacunes regrettables.

Depuis sa retraite, en 1852, Valade-Gabel avait pris la douce habitude d'aller passer la belle saison dans une petite propriété qu'il avait près de Sarlat; ce n'était pas seulement le besoin de calme et de tranquillité qui l'y attirait, c'était le plaisir de voir les lieux qu'il avait habités dans son enfance, d'y rencontrer quelques vieux amis qui lui rappelaient des souvenirs de jeunesse qu'on est heureux de retrouver. Il y cherchait aussi la solution de quelqu'une des difficultés dont il avait dû ajourner l'étude pour aviser au plus pressé. Il rêvait de nouvelles simplifications à sa méthode, dont il voulait faciliter l'application. Ce qui le préoccupait le plus, c'était le moyen d'accroître la bibliothèque destinée aux premières leçons des enfants sourds-muets; là surtout existait une grande lacune qu'il s'était efforcé de combler; et dans cette voie, mieux que personne, il savait ce qui restait à faire.

Au fond de sa retraite dévouée à une si noble tâche, il trouvait encore le temps d'encourager par ses conseils les efforts et les travaux des professeurs qui recouraient à ses lumières. Ainsi l'institutrice en chef de l'École de Bordeaux, essayant de composer une histoire sainte à l'usage de ses élèves, lui demande son avis sur l'ouvrage qu'elle lui adresse : c'était au mois de mai 1879, et dans le mois suivant Valade-Gabel en avait pris connaissance, présentait ses observations qui furent accueillies avec une modeste déférence ; c'est qu'il ne perdait jamais de vue l'apostolat qu'il avait embrassé depuis plus de cinquante ans... Il travailla donc jusqu'au dernier moment ; peu de jours avant sa mort, il revisait une notice qu'il se proposait de publier sur un manuscrit important de l'abbé de l'Épée, et composait des leçons élémentaires d'histoire naturelle, de physique et de géographie : espérons que ces derniers travaux ne sont pas perdus pour les infortunés qui bénissent sa mémoire et la vénéreront plus encore quand ils connaîtront toute l'étendue des services qu'il leur a rendus.

Au retour d'un voyage à Bordeaux, où l'avait appelé pour peu de jours une affaire d'intérêt, il fut, le 11 juillet 1879, presque subitement enlevé à sa famille, à tous ceux qui l'aimaient. Une lettre de son fils, président du Tribunal civil de Mirande, nous transmet de touchants détails sur ses derniers moments ; qu'il nous soit permis d'en extraire quelques lignes : les paroles d'un fils pieux auront plus de prix à vos yeux que les nôtres :

« Mon père était arrivé en Périgord, selon sa coutume, vers le mois de mars ; levé au point du jour, il faisait le métier de propriétaire, visitant ses métayers, se promenant un peu et travaillant à différentes reprises dans la journée, car ses yeux se fatiguaient assez facilement ; il avait toujours quelque mémoire ou projet d'ouvrage sur le chantier ; il écrivait à ses enfants de Paris et de Mirande, toujours longuement... Vers le milieu de juin, il se plaignit d'un sentiment de faiblesse... et cependant, le 10 juillet, ma fille aînée, sa filleule, recevait de lui une longue lettre de quatre pages, à l'écriture ferme et hardie, lettre pleine d'esprit et de cœur, où le grand-père, sous une forme charmante et avec un bonheur d'expression remarquable, donnait à sa petite-fille, au sujet de la nécessité du travail et des avantages de l'étude, les plus sages conseils...

J'en fus frappé, et je crus y voir la preuve que les craintes manifestées depuis peu n'étaient pas fondées. Il me semblait impossible que tant de vigueur morale pût s'allier à une ruine prochaine de l'organisme... »

Le lendemain 11 juillet, dans la matinée, Valade-Gabel était encore dispos et en apparence bien portant : avant midi il n'était plus !

Ceux de vous, Messieurs, qui l'ont connu ont pu apprécier ses qualités, et l'Académie a déjà exprimé les justes regrets qu'elle donnait à sa mémoire; les amis des sourds-muets, les maîtres dans l'art qu'il a agrandi et perfectionné, déplorent une perte que rien ne saurait compenser, et n'osent espérer qu'il puisse être dignement remplacé dans les fonctions importantes et difficiles qu'il remplissait avec tant de succès.

OUVRAGES ET TRAVAUX DE J. J. VALADE-GABEL

1829. — Cours analytique de lecture par enseignement mutuel et simultané, inventé par M. Lecomte, fondateur de l'école pestalozzienne de Sarlat, modifié et publié par Valade-Gabel; autorisé par le Conseil de l'instruction publique. (Paris, librairie Colas.)

1831. — Rapport sur un plan de nomenclature générale approprié à l'enseignement des sourds-muets. (Paris.)

1837. — Lettres sur la méthode. (Bruges, *le Sourd-Muet et l'aveugle*, t. I.)

1837. — Lettre à messieurs du Conseil d'administration et à messieurs du Conseil de perfectionnement sur le programme général de l'enseignement des sourds-muets. (Paris, *Annales de l'éducation des sourds-muets et des aveugles*, t. II.)

1838. — Projet de vocabulaire illustré à l'usage des sourds-muets. Lithographie Desportes. (Paris, *Annales*, t. III.)

1846. — Recherches statistiques sur l'éducation donnée aux sourds-muets de naissance. (Paris, *Annales*, t. III.)

Actes de l'Académie (1839 à 1875).

1839. — Rôle de l'articulation et de la lecture sur les lèvres dans l'enseignement des sourds-muets. (Deux mémoires.)

1840. — Du langage naturel dont les sourds-muets font usage.

1840. — Rapport sur un institut agricole à Gradignan.

1842. — Rapport sur le compte rendu de l'enseignement primaire dans le département par M. Reclus, inspecteur.

1842. — Rapport sur la grammaire des commençants de M. Clouzet.

1842-1843. — Compte rendu des travaux de l'Académie, comme secrétaire général.

1842-1843. — Sur l'établissement d'une caisse de secours mutuels à Bordeaux.

1845. — Discours prononcé par le Président de l'Académie aux obsèques de M. Jouannet.

1846. — Essai sur les distractions de l'esprit. (Séance publique, discours du Président.)

1849. — De l'enseignement de la langue écrite.

1851-1852. — De la situation des écoles de sourds-muets.

1875. — Situation des écoles de sourds-muets non subventionnées par l'État (1868).

Publications à Bordeaux (1838 à 1850).

Discours prononcés en séance publique de fin d'année (1839 à 1850).

1839. — De la méthode d'enseignement.

1840. — Études sur l'histoire naturelle du sourd-muet.

1841. — Suite de ces études.

1842. — Discours sur la tombe de M. Charles Guilhe, ancien directeur de l'École de Bordeaux.

1844. — Notice sur la vie et les travaux de Jean Saint-Sernin, instituteur en chef de l'École des Sourds-Muets de Bordeaux.

1845. — De l'insuffisance du temps accordé aux sourds-muets pour leur instruction, et des moyens d'y remédier.

1846. — De la conduite à tenir avec les sourds-muets après leur sortie de l'école; conseils à leurs familles.

1848. — Péreire et de l'Épée.

Ouvrages et publications à Paris (1851 à 1879).

1851-1852. — Moyens de commencer l'éducation des sourds-
muets dans les écoles primaires. (Paris, *l'Éducation, journal d'enseignement élémentaire*, t. I et II.)

1853. — Lettres à M. le Président et à MM. les Membres
de l'Académie de Médecine. (Paris.)

1853. — Des faits à l'idée; historiettes morales illustrées,
à la portée du premier âge. (Paris, librairie Delagrave. Les premières éditions, publiées sous le
titre de *Nouvelles Étrennes de l'enfance,* com-
prennent une excellente introduction.)

1854. — De l'utilité et de la possibilité de commencer dans
les écoles primaires l'éducation des sourds-muets.
(*Bulletin de l'instruction primaire.*)

1857. — Méthode à la portée des instituteurs primaires pour
enseigner aux sourds-muets la langue française
sans l'intermédiaire du langage des signes.
(Paris, Dézobry et Roret; — Bruxelles, librairie
Deck.)

1858. — Réponse à quelques critiques de M. Hill;—Friedberg.
(*Organe des institutions de sourds-muets et d'aveugles.*)

1859. — Cartes mimo-mnémoniques de MM. Grosselin et
Pélissier. — La religion enseignée aux sourds-
muets illettrés, par l'abbé Lambert. (Rapports faits
à la Société d'éducation et d'assistance pour les
sourds-muets. — Paris, l'*Impartial.*)

1860. — Guérison de la surdité et du mutisme. (Paris,
Journal des Instituteurs, 3ᵉ année.)

1862. — Des signes méthodiques et des signes dits réguliers.
Réponse aux observations publiées au sujet du
rapport de M. Franck sur les méthodes en usage
pour instruire les sourds-muets. (Paris, juin.)

1862. — L'enfant ne saurait-il apprendre à parler sans
l'intermédiaire des signes? Réponse à un examen

critique du rapport de M. Franck sur la méthode
intuitive, pour enseigner la langue française aux
sourds-muets. (Paris, décembre.)

1863. — Guide des instituteurs primaires pour commencer
l'éducation des sourds-muets. (Publié par ordre
du ministre de l'intérieur. — Paris, librairie Delagrave.)

1863. — Le mot et l'image; premier livre des sourds-
muets, publié par ordre du ministre de l'intérieur.
Partie du maître, avec une introduction; partie
de l'élève. (Paris, librairie Delagrave.)

1868. — Pourquoi tant de sourds-muets? — L'école du vil-
lage pour les sourds-muets. — (*Causeries popu-
laires*, publiées sous la direction de la baronne
de Crombrugghe. Bruxelles, librairie Claassen.)

1878. — La parole enseignée aux sourds-muets. — Cours
de phonomimie professé par J. J. Valade-Gabel,
recueilli et publié par A. Valade-Gabel, son fils.
(Paris, librairie Delagrave.)

1879. — Plan d'études. — Programme de l'enseignement
pour les écoles de sourds-muets non subventionnées par l'État. (Les mêmes, Paris, librairie
Delagrave.)

Traductions anglaise, espagnole, portugaise, de livres élémentaires (1855 à 1871).

1855. — Picture lessons for boys and girls. (Trad. Ch.
Baker. — London, Wertheim and Mac Intosh, 24,
Pater-noster-Row.)

1865. — Guia de los maestros de primera enseñanza para
empezar la educacion de los sordos-mudos.
(Trad. Ant. Rispa — Barcelona.)

1869. — Contos moraes aos sordos-mudos. (Rio de Janeiro.)

1871. — Lições de linguagem portugueza escripta para os
sordos-mudos. (Rio de Janeiro.)

TITRES DIVERS QUI JUSTIFIENT NOTRE APPRÉCIATION

1832. — Sur la demande du ministre de la justice, il est chargé d'une mission à Lyon, et il la remplit à la satisfaction du tribunal. (Lettre du Président.)

1839. — Membre de l'Académie des Sciences, Belles-Lettres et Arts de Bordeaux. (11 mai.)

1857. — Membre de la Société des Sciences, de l'Agriculture et des Arts de Lille. (15 mai.)

1861. — Membre du jury d'admission de la Seine à l'Exposition universelle de Londres. (*Moniteur* du 1er juillet.)

1862. — Exposition universelle de Londres, classe XXIX : médaille d'honneur.

1864. — Chevalier de la Légion d'honneur.

1867. — Exposition universelle de Paris, groupe X, classe 89. Ouvrages pour l'enseignement des sourds-muets : médaille d'argent.

1878. — Exposition universelle de Paris : attribution d'une médaille d'or par le ministre de l'intérieur pour la part prise à l'exposition collective de son ministère.